Metz
Tranches de Ville

Photos Olivier Frimat
Texte Benoît Krebs

Conception et direction de l'ouvrage Bertrand Dalin

*En couverture - Lumière, espace et nature forment l'écrin
idéal pour une ville tout en beauté.*

*Page précédente - Une ville fleurie habillée d'or
au bord de l'eau, bienvenue à Metz...*

Sommaire

Editorial 5
Histoire 7
Lieux 31
Oxygène 51
Figure messines . 63
Gastronomie ... 73

Page précédente - le Moyen-Pont, qui emmène vers le Saulcy et les îles.

Détail de la porte des Allemands. Pièce maîtresse des fortifications de Metz, elle a connu plusieurs restaurations, dont celle de 1832.

Editorial

Son histoire est riche. Elle se lit au fil de ses rues, lignes droites ou méandres serpentants au cœur de la ville et qui vous emmènent pour une promenade à travers plusieurs millénaires.

Pour y découvrir mille lieux à vivre, à connaître et à aimer... Ses parcs et ses jardins, ses monuments et ses bâtiments, tout s'offre à vous sans retenue, sans complexes.

Inscrite dans une logique européenne, collaborant avec ses voisines d'Allemagne et du Luxembourg, Metz développe des projets ambitieux qui en feront une ville encore plus belle, plus dynamique et toujours tournée vers les hommes.

Cet ouvrage est destiné à tous ceux qui, comme nous, en sont tombés amoureux.

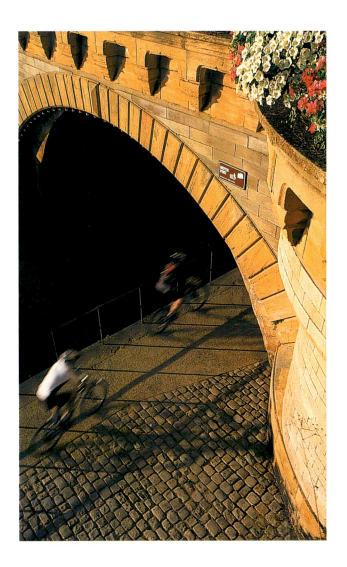

Page précédente - Réaménagées par les Allemands,
les anciennes tanneries du quartier des Roches offrent,
au pied de la cathédrale, un cadre de vie superbe.

Le long de la Moselle, sous une arche du Moyen-Pont,
les berges sont un espace apprivoisé
par les promeneurs et les cyclistes.
Ou comment traverser la ville sans voiture...

Histoire

Une tribu celte, les Médiomatriques, installe un jour son oppidum sur une colline proche du fleuve, et tout part de là. La cité prospère et se laisse intégrer dans le monde romain sans résistance. D'autant plus que la ville est le carrefour des grandes routes de l'Empire.

Metz devient un lieu de garnison et connaît alors une urbanisation formidable, le plan quadrillé du centre en est une trace. Rome la dote richement : un des plus grands amphithéâtres de l'Empire, des thermes (grâce à de nombreuses sources, dont celle qui existe toujours dans les sous-sols de la Cour d'Or), palestre (l'actuelle Saint-Pierre-aux-Nonnains), aqueducs… Plus encore, c'est une greffe intellectuelle, économique et surtout politique, qui prendra merveilleusement bien.

Page précédente - Cet imposant édifice militaire aux allures de château est l'ancien palais des gouverneurs militaires de Metz. Il est aujourd'hui le palais de justice.

Témoins d'un passé riche et mouvementé, les flèches du temple Neuf et de Saint-Vincent rappellent la place de l'Eglise et la présence allemande.

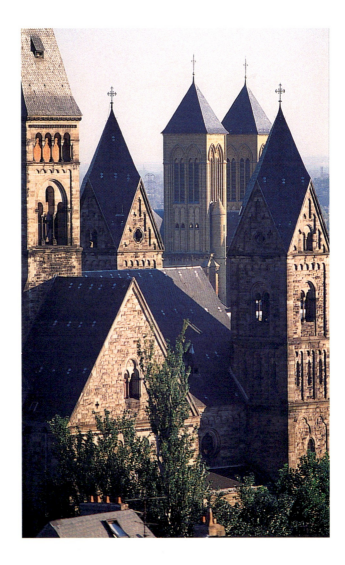

Son véritable développement, Metz le doit à la chrétienté. Les deux se lient pour des siècles, dès que saint Clément terrasse le Graouilly, dragon légendaire, qui hantait les ruines de l'amphithéâtre. Le saint y établit la première église de la ville, aujourd'hui disparue. Elle se trouvait dans l'amphithéâtre romain, dont les fondations sont aujourd'hui sous terre.

La présence de l'Eglise croît sans cesse jusqu'à devenir, l'histoire aidant, un évêché autonome, puissant et respecté. A la mort de Clovis, en 511, Metz devient capitale de l'Austrasie. La ville connaît des heures fastueuses et reçoit, à la Cour d'Or, les délégations byzantines, signe ostensible de sa puissance et de son indépendance face à l'Empire romain d'Orient.

Monstre légendaire des premiers siècles de notre ère, le Graouilly plane maintenant au-dessus de la rue Taison, au cœur même de la ville qu'il hante depuis des siècles...

Page suivante - La pierre de Jaumont épouse la lumière pour offrir un rendu admirable aux bâtiments qui témoignent de plusieurs influences... Le clocher du temple de garnison prussien ne jure pas derrière les constructions du XVIIIe siècle.

Mais le pouvoir et l'opulence attirent les intrigues. Les rois mérovingiens en place s'assoupissent dans leur pouvoir et leur luxe, incapables de gouverner, et laissent les commandes effectives du royaume aux maires du palais. L'un d'entre eux, Pépin de Herstal, travaille âprement pour asseoir son pouvoir et celui de sa famille : son fils, Charles Martel, son petit-fils, Pépin le Bref, et surtout son arrière-petit-fils, Charlemagne, sont la preuve de sa réussite.

Les Carolingiens se souviennent de leurs origines messines. Ils protègent la ville, renforcent le pouvoir et l'influence de son Eglise : son rôle moral grandit, mais moins que son poids politique. Déjà, les évêques ne sont plus concernés par la justice royale...

Page précédente - Jour de brouillard sur Metz. Entre 1870 et 1918, les anciens remparts ont été aménagés en boulevards et promenades pour laisser la ville respirer. La porte des Allemands a été soigneusement conservée.

Eglise Saint-Clément, aux accents du Midi. Juste à côté du conseil régional.

La légende prétend que Rabelais séjourna ici. Vrai ou pas, ce jardinet, terrasse ombragée et fleurie d'un petit café, est propice pour passer d'agréables moments hors du temps.

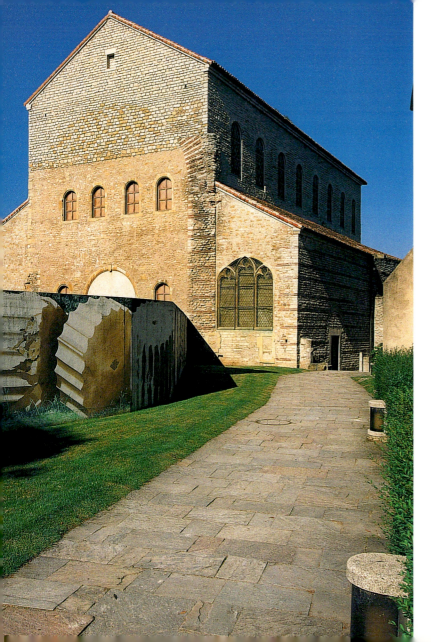

Vers l'an mille, l'archevêque de Trèves, dernier duc de Lotharingie, morcelle son territoire en plusieurs duchés, comtés et seigneuries. A cet éclatement échappe l'évêché de Metz devenu, pour très longtemps, indépendant. Les évêques deviennent les ambassadeurs des empereurs et rois dans un Moyen Age trouble et violent. En échange ? L'argent, les terres, des droits et des privilèges...

En même temps, la ville connaît un certain épanouissement. Economique, d'abord ; plusieurs foires ont lieu chaque année. L'affluence est telle que les banquiers lombards s'installent place de Change, aujourd'hui place Saint-Louis. Huile, vin, blé, toile, drap de Flandre, fer de Cologne, soieries, fourrures... Le monde entier est sur les marchés messins.

Ancienne palestre romaine, Saint-Pierre-aux-Nonnains est la plus ancienne église de France.

Page suivante
A gauche - Sous ses arcades, les banquiers lombards et juifs ont contribué à la puissance de la cité. La place Saint-Louis n'a pas perdu sa vocation commerçante.

A droite - Rue Vauban, les immeubles du quartier Impérial profitent des dernières lueurs du jour, tout comme le clocher de Sainte-Glossinde, église du Séminaire de Metz.

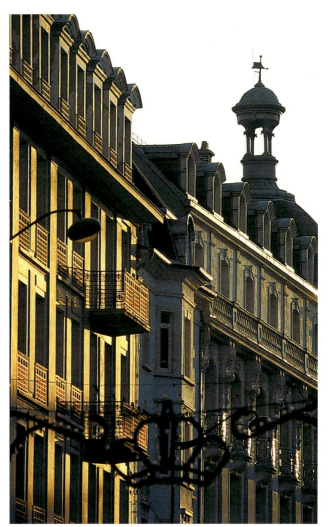

Développement religieux et culturel, également, puisque la vie cléricale messine était copiée partout en Europe et les écoles religieuses de la ville bénéficiaient d'un grand renom.

Prince d'Empire, l'évêque voit sa puissance le dispenser de ses devoirs et obligations envers son souverain. Au même moment, le pouvoir administratif, assuré par les échevins et le maître-échevin, passe du clergé à la bourgeoisie. Celle-ci en profite, et fonde au XIIIe siècle une République oligarchique.

C'est l'âge d'or de la prospérité messine : le commerce prédomine, les églises, places, hôtels particuliers, bâtiments civils et militaires voient le jour : abbayes de Saint-Symphorien, de Saint-Pierre-aux-Dames, couvents des Pucelles, des Sœurs-de-l'Ave-Maria, entre autres, tous détruits aujourd'hui. Restent encore l'église Saint-Martin, Saint-Eucaire, Saint-Maximin.

Page précédente - Les ruines de Saint-Livier, noyées dans la végétation, à deux pas de Saint-Clément, confèrent un cachet particulier à cette esplanade.

Place Saint-Jacques, au cœur de la ville. On retrouve, de part et d'autre de la place, des constructions qui témoignent de l'opulence ancienne de la bourgeoisie messine.

Rue des Trinitaires, on remarque encore des échoppes avec arc en plein cintre ; place Saint-Louis on admire des façades crénelées, qui existaient également place de Champ-à-Seille.

Si certains hôtels particuliers ont disparu, tout ou partie, certains sont encore bien visibles, tel l'hôtel Saint-Livier, celui d'Heu, rue de la Fontaine, ou encore la tourelle du Passetemps, au bord de la Moselle. Les remparts, aussi, se fortifient sans cesse, avec leurs tours de défense et leurs portes.

Vestige d'un ancien hôtel particulier, la tourelle du Passetemps fut jadis le cadre idyllique et romantique des relations cachées des familles patriciennes.

Page suivante - Forêt de pierre à la crête dentelée, la ville s'apaise en fin de journée. La silhouette imposante du clocher du temple de garnison — la Seconde Guerre mondiale a eu raison du reste de l'édifice — se dresse dans le ciel du soir.

On construit une merveille, la cathédrale Saint-Etienne. Les travaux de construction commencent au XIIIe siècle, et dotent d'une voûte commune les deux églises qui composent Saint-Etienne, donnant à la cathédrale sa forme atypique. Haute de plus de 42 mètres, sa nef est illuminée par plus de 6 500 m^2 de vitraux, du XIIIe au XXe siècle. Longue de 123 mètres, sa pointe culmine à 88 mètres et abrite la Mutte, terrible cloche dont l'écho a toujours fait redouter quelque danger. Les travaux de construction ne prendront fin qu'au début du XXe siècle, quand le portail de Blondel, classique, sera remplacé par celui de l'Allemand Tornow, plus conforme au reste de l'édifice. Le prophète Daniel se tient bien droit, montrant la Loi. Regardez-le de plus près : il a les traits du Kaiser...

*Page précédente - Place de la comédie,
le tapis floral rehausse l'ensemble majestueux
composé par le quartier des Roches
et la cathédrale Saint-Etienne...*

*Le portail de la cathédrale Saint-Etienne,
aux fins visages et aux mille détails. Il a fallu
la patience d'un saint et une inspiration divine
pour réaliser un tel ouvrage.*

La République s'achève avec le siège de Metz par Charles Quint, en 1552, lors de la guerre qui l'oppose au roi de France Henri II. Vainqueur, ce dernier rentre dans Metz. Mais la ville ne devient officiellement française qu'avec le traité de Westphalie, en 1648.

Cheval de Troie français dans le duché de Lorraine, et donc dans le Saint Empire, Metz cesse d'être un centre spirituel puissant et troque le goupillon pour le glaive : elle devient une place forte imprenable. Arsenal, citadelle, casernes, hôpitaux et écoles militaires se construisent. C'est une aubaine, l'armée est riche. Elle ne vient pas seule : le Parlement, outil du pouvoir royal, s'installe à Metz et « francise » la loi et les usages. Les églises, encore...

L'ancien arsenal militaire, au cœur de l'ancienne citadelle, accueille maintenant tous les spectacles. Une salle de concert exceptionnelle.

Entre-temps, Metz, comme toutes les villes de France, et peut-être plus parce qu'elle est proche de l'Allemagne, accueille favorablement les thèses de la Réforme. Celle-ci se développe sur un terrain particulièrement catholique. Elle sera écrasée lors de la révocation de l'édit de Nantes mais prendra sa revanche trois siècles plus tard…

Arrive la Révolution et une nouvelle façon de voir les choses, de voir le monde. Les idées révolutionnaires trouvent un écho et deviennent populaires, mais la situation économique, renforcée par les guerres, assombrit l'enthousiasme.

L'Empire est bien accueilli. Napoléon repousse les frontières, Metz se sent libérée du risque d'invasion et envisage un renouveau économique. Elle devient une ville de garnison importante et accueille l'Ecole d'application de l'artillerie (l'Artilleur de Metz…) et du génie. Les officiers des Armes savantes seront donc formés à Metz jusqu'en 1870.

Les reliefs sur la facade de l'Arsenal ne laissent aucun doute sur sa vocation première.
La poudre et les canons ont fait place
à une musique plus délicate…

Les régimes se succèdent, Metz reste impassible. Elle n'est plus qu'une ville de province parmi d'autres, mais reste une place forte frontalière. Elle s'embourgeoise, se développe et s'industrialise comme les autres villes de France. Mais, le 29 octobre 1870, elle devient prussienne, quand le maréchal Bazaine capitule et livre Metz à l'ennemi, dans le cadre de la guerre franco-prussienne.

Une plaie ouverte dans l'ego des Français ? Sans doute. Mais il faut voir les 48 années suivantes avec un esprit plus positif, dépassionné. Metz devient alors la vitrine de l'Empire allemand. Les remparts enchâssant le développement de l'agglomération sont rasés. De nouvelles artères sont percées, les actuelles avenues Foch, de Pont-à-Mousson et de Nancy, de Verdun, entre autres. De nouveaux immeubles, plus grands, tout confort, sortent de terre.

Important nœud de communication entre les hommes, la gare de Metz est aussi un véritable joyau. Ses innombrables ornementations valent à elles seules le voyage.

Page suivante - Sur l'Ile du Saulcy, cet ancien site militaire a été reconverti et modernisé pour s'intégrer à l'université Paul-Verlaine. Il accueille, entre autres, les étudiants français et allemands en management.

Metz se couvre des infrastructures qui conviennent à une métropole moderne : hôtels de voyageurs, gares (une centrale et trois de banlieue, à Chambière, Devant-les-Pont et Metz-Nord), hôtel des postes, réseau ferré complexe et efficace, encore en activité aujourd'hui, gaz et électricité, aérogare, etc. On construit, on rénove, on transforme. Décriées à l'époque, ces réalisations sont appréciées aujourd'hui.

1918. Metz redevient française. Les vingt années qui suivront seront l'objet d'une francisation de la ville qui se traduira par l'implantation importante de régiments. Les colonels de Gaulle et de Lattre de Tassigny, entre autres, passeront par Metz...

Les années qui suivent la Libération permettent à une population marquée de recommencer à vivre et, une fois de plus, de reconstruire la ville.

Page précédente - Les architectes ont su conserver des éléments de l'ancienne brasserie Amos lors de sa transformation en logements. Certains bâtiments ont fait place à un square.

L'ancienne abbaye Saint-Arnould abrite aujourd'hui le cercle de garnison. Sur la gauche, la vigie servait à l'observation des tirs d'artillerie.

Metz, encore, grandit. Sa population comme son rayonnement, comme son influence. Elle construit de nouveaux quartiers pour abriter les réfugiés de l'après-guerre et pour accueillir la main-d'œuvre étrangère. Sont alors rattachées les communes voisines de Borny, de Magny et de Vallières.

Devenue préfecture de Région en 1982, au détriment de sa « rivale » Nancy, la ville est aujourd'hui résolument tournée vers l'avenir. Elle se consacre aux nouvelles technologies et le futuriste Technopôle en est l'épicentre. Elle forme ses futures élites grâce à un enseignement de qualité dispensé dans son université. Elle innove, elle anticipe. Résolument tournée vers l'international, Metz développe les échanges commerciaux et culturels avec ses grandes voisines : Trèves, Luxembourg et Sarrebruck. De grands projets sont à l'ordre du jour : l'arrivée du TGV Européen, alors que se construit le premier projet de décentralisation d'un musée national, le Centre Pompidou-Metz.

Page précédente - La gare de Metz, où passent des trains pour Prague, Bruxelles, Milan, Paris ou Francfort... La ville est aux portes de l'Europe.

Tour Sainte-Barbe, surplombant la Moselle. L'illustration d'une urbanisation raisonnée.

Abritant déjà le Fond régional d'art contemporain et de nombreuses galeries d'art, la ville se positionne comme une ville contemporaine et ouverte. Le projet architectural conçu par Shigeru Ban, Jean de Gastines et Philip Gumuchdjian s'intégrera dans un nouvel ensemble urbain convivial où l'environnement aura toute sa place.

Dans le sillage d'un projet si dynamique, les habitudes de la ville seront manifestement modifiées et de nouveaux lieux seront repensés, modernisés ou réappropriés... Ainsi, les anciennes casernes, boulevard de Trèves, seront peut-être le nouveau cadre de vie des beaux-arts, ou bien accueilleront-ils un centre pour les musiques nouvelles ? De grands et vastes espaces à repenser pour la culture, qui donneront à la ville une impulsion nouvelle qui séduira, tout autant que son patrimoine, les visiteurs venus de l'autre bout de la planète...

Le réseau routier de Metz et de sa région voit défiler des usagers de toute l'Europe, d'est en ouest ou du nord au sud. La ville a toujours su tirer partie de sa position...

Page suivante - Sur les anciens entrepôts de marchandises, à quelques mètres seulement de l'ancien amphithéâtre romain, le palais omnisports des Arènes est prolongé par un magnifique jardin moderne plein de poésie.

Lieux

Ouvragée des siècles durant, elle trône sur Metz. Elle est le fanal qui guide les hommes vers elle. La cathédrale Saint-Etienne est un autre monde rempli de trésors. Juste à ses côtés, la Cour d'Or. Ancienne résidence des rois d'Austrasie, elle a abrité un cloître et les greniers de la ville. Maintenant, on y trouve les musées de la ville : Beaux-Arts, Histoire, Archéologie, des milliers d'années à traverser le long des différentes salles...

Où est le cœur de Metz ? Sans doute faut-il monter par la rue Taison — nous laisserons-nous distraire par les petites échoppes ? — pour arriver aux hauts de Sainte-Croix, dominés par un ancien hôtel particulier du XVe siècle, devenu une prison peu hermétique ; maintenant une maternité...

Page précédente - La préfecture et le conseil général constituent un ensemble magnifique, dessiné par des architectes italiens du XVIIIe siècle.

La cathédrale Saint-Etienne, « lanterne du Bon Dieu », illumine la ville avec ses milliers de mètres carrés de vitraux. Certains ont plus de huit siècles...

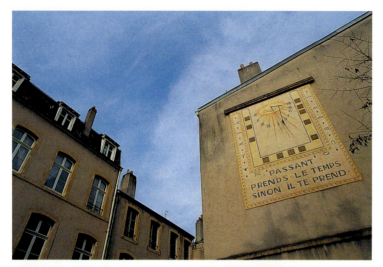

Et c'est tout un quartier qui s'offre à nos yeux, une atmosphère, un voyage, qui commence avec la plus ancienne maison de la ville — neuf siècles à elle seule —, l'hôtel Saint-Livier. Sa tour austère et son architecture sobre, qui reçut, en son temps Charles Quint et bien d'autres, et maintenant les arts, contemporains, bien sûr.

Et puis frôler furtivement les murs épais des maisons et sentir la pierre vivre, raconter des histoires... Des murs si forts, une impression de finesse irrésistible qui amène vers la place Jeanne-d'Arc. C'est un lieu où l'on aime à venir pour goûter au plaisir des terrasses rafraîchies par la fontaine, après un concert aux Trinitaires.

*Rue de la Chèvre, un conseil à suivre
à la lettre dans un quartier tout en rêverie.*

*En bas des marches de Sainte-Ségolène,
la place Jeanne-d'Arc est un havre de paix
à quelques pas du centre, dans le quartier
Sainte-Croix, le plus ancien de la ville.*

*Page suivante - Dolce vita à la messine.
A proximité du marché couvert, il fait bon
se rafraîchir entre amis et profiter
de la douceur de vivre ici...*

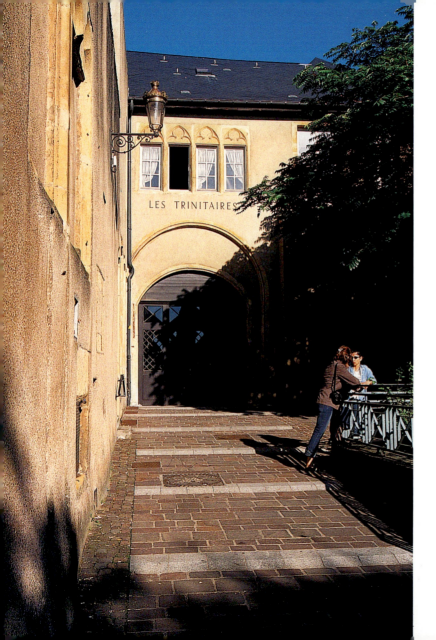

Ci-contre - Les Trinitaires, ancien cloître devenu salle de spectacles et d'art. Lieu magique à la patine extraordinaire.

Ci-dessus - Temple Neuf et Moyen-Pont, vus des anciens remparts.

Il faut ensuite descendre par les ruelles étroites, méandres de pierre entre les hautes façades qui brossent plusieurs styles, plusieurs siècles, pour arriver au pied de la rue des Jardins et découvrir le cosmopolitisme d'une ville sur quelques centaines de mètres. Ou flâner le long des berges vers la synagogue, témoin de la présence très ancienne d'une très influente communauté juive, qui rayonnait dans toute l'Europe. En traversant la Moselle, on arrive vers la médiathèque et ses trésors de papier, puis l'hôtel de Région — l'ancienne abbaye Saint-Clément et son église aux accents ensoleillés.

Clochers de Saint-Vincent et ancien moulin des thermes. La pierre chauffée au soleil plonge son reflet dans la Moselle.

L'Opéra-Théâtre de Metz, c'est un brin d'Italie dans les brumes de la Moselle. On y chante, on y joue la comédie. Les lourdes portes de bois, les escaliers, le velours, les murmures, les mêmes depuis plus de deux cent cinquante ans, la même magie, le même amour de l'art, au bord de l'eau. A sa droite, dissimulé derrière les branchages du jardin d'Amour, à la pointe de l'île, le temple Neuf, construit et inauguré par Guillaume II. La sobriété de la Réforme n'est plus un contraste, c'est une évidence.

La place Mondon, entourée de façades dont les formes et les teintes colorées surprennent toujours, est l'entrée de Metz l'impériale. Devant nous s'ouvre l'avenue Foch, les immeubles qui la bordent rivalisent de magnificence, une avenue « Jugend Stil » émaillée d'éléments Art nouveau ; un peu de classicisme, aussi. A côté de la chambre de commerce, le square Camoufle et sa tour, vestige des fortifications. Au milieu de l'avenue, des arbres centenaires inondent d'ombre les chaussées.

Sobre et élégant, le temple Neuf fut construit pour offrir aux protestants français et allemands de Metz un véritable lieu de culte.

Page suivante - Fêtes de la mirabelle, ses grands défilés et ses groupes folkloriques… Un rendez-vous annuel incontournable !

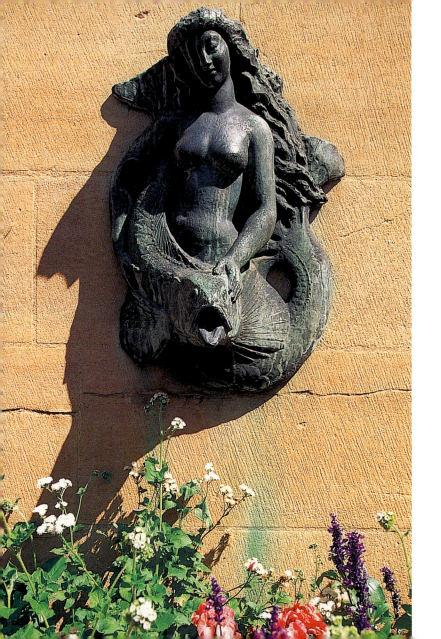

Si on choisit le train pour venir à Metz, ce n'est pas une gare que l'on découvre, mais une cathédrale. Une œuvre immense, romane, aux fins si militaires : un quai haut pour les hommes, un quai bas pour les chevaux, données révolues d'un monde révolu. Aujourd'hui, débarrassée de ses oripeaux guerriers, la gare est un enchantement. Des dizaines de sculptures, partout : voyageurs, soldats, paysans, des entrelacs, un templier, l'architecte et ses assistants, des scènes familiales, des retrouvailles, des adieux, la Lorraine et l'Alsace, un vitrail de Charlemagne, un spectacle. Un clocher, aussi, et une horloge Art nouveau qui a fait couler beaucoup d'encre en son temps.

Page précédente - Les Allemands ont amené à Metz une tradition de sculpture et d'ornementation des habitations qui donne à la ville des airs de musée géant. Certains sont des chefs-d'œuvre.

Ce soldat de la gare de Metz a connu plusieurs visages : chevalier teutonique ou guerrier gaulois, rien que pour satisfaire des nationalismes qui se sont usés bien avant la pierre...

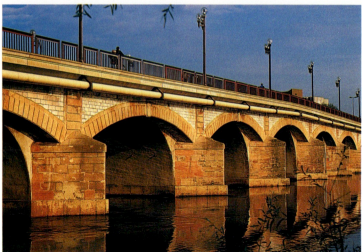

En face, l'hôtel des Postes, en grès rose des Vosges, immense, lui aussi, somptueux. Tout autour, c'est un quartier dans le même esprit, qui s'étend et remonte, d'un côté vers la basilique Sainte-Thérèse, surprenante arche de béton illuminée par ses vitraux dont la simplicité invite à la méditation. De l'autre côté, c'est le Sablon, l'ancien faubourg, calme et agréable comme un après-midi de printemps : des rues en méandres mènent vers de petites places comme autant de petits villages.

L'ancienne citadelle est maintenant une esplanade de fleurs et l'Arsenal, ancien entrepôt de munitions réhabilité par Ricardo Bofill, est une des plus belles salles de spectacle d'Europe, lieu d'élection de l'Orchestre national de Lorraine. C'est aussi une salle d'exposition, faisant la part belle aux arts d'aujourd'hui. A côté, la chapelle des Templiers, seule survivante de la Commanderie installée à Metz au XIe siècle.

Détail en clair-obscur d'une entrée d'immeuble.

Pont Saint-Georges. Jusqu'à la Révolution,
on y trouvait des habitations.

Page suivante - L'Arsenal salué par les cieux.
A gauche, la Sentinaile, *statue*
d'Antoine Poncet commandée par la ville
en 1999 pour les dix ans de l'Arsenal.

Les Romains ont laissé à la ville quelques traces de leur présence. La plus importante est sans aucun doute Saint-Pierre-aux-Nonnains, la plus vieille église de France. Elle a plus de mille six cent vingt ans. Propriété de la ville, elle est vouée, elle aussi, aux arts ; expositions et concerts intimistes la sortent de sa torpeur.

A l'extrémité de l'ancienne citadelle, un palais. On le croirait sorti d'un conte de fées, mais il a une origine et une fonction plus martiale : c'est le palais du gouverneur militaire de Metz. Construit par les Allemands en 1903, son style surprend, interpelle. Il fait contrepoids aux nombreux édifices militaires de la ville, d'aspect plus martial, mais avec des architectures étonnantes. Comme le quartier Séré de Rivières, qui abrite le 2e Génie, créé à Metz sous Louis XVIII. La couleur des murs, la disposition des bâtiments, leurs volumes et la présence d'îlots de verdure rappellent les origines allemandes et font de cette caserne une exception au sein de l'Armée française.

Page précédente - L'eau est omniprésente à Metz. Elle a façonné la cité et lui confère parfois un charme indicible.

L'ancienne citadelle a fait place à une magnifique esplanade et ce jardin à la française abrite la Naïade, *fontaine aux courbes élégantes.*

Une place, sur les anciennes halles, fleurie de terrasses, jamais vide, un îlot au milieu des marées humaines des rues commerçantes. La place Saint-Jacques offre la douceur d'un peu de repos parmi les serveurs qui papillonnent entre les tables des terrasses. On s'y arrête entre deux boutiques, pour y attendre un ami, un doux rendez-vous, ou pour venir lire au soleil le livre que l'on vient d'acheter dans une des nombreuses librairies de la ville. Un parfum de bohème...

Irrégulière, mais harmonieuse, la place Saint-Louis est le témoignage d'un passé oublié. L'ancienne place au Change recevait, sous ses arcades, les changeurs de la ville, banquiers à la richesse légendaire. Metz était alors si riche que les rois et les princes d'Europe venaient y solliciter un crédit, comme Saint Louis venu financer ses croisades... Mais la place aux façades médiévales est encore un lieu d'activité commerciale, et aussi de promenade, de détente.

La librairie Géronimo, *pour les amoureux des livres. Un de ces endroits où l'on aime passer des heures pour choisir le livre que l'on va prendre plaisir à parcourir.*

Page suivante - Le quartier Saint-Marcel, traversé, pénétré et entouré par la Moselle. Peut-être devrait-on remplacer la voiture par un canot ?

Elle ne tient pas son nom de ceux qui l'ont construite, mais de l'hôpital des chevaliers Teutoniques, tout proche. La porte des Allemands gardait la route venant de Mayence. Sans cesse modifiée, cette porte imprenable — encore marquée par les traces du siège de 1552 — garde aujourd'hui une route qui mène vers une agréable promenade, le long de l'eau.

En face, le Quartier Outre-Seille, à la mauvaise réputation erronée qui s'estompe avec le renouveau de ce quartier populaire. Les bars à la mode côtoient des enseignes hétéroclites où l'on trouve, c'est selon, livres anciens, quincaillerie ou tatouages. C'est un univers à part, d'une saveur inoubliable qui s'offre au hasard des rues, passages et cours communicantes ; le tout émaillé par les clochers des églises Saint-Eucaire et Saint-Maximin, aux vitraux de Cocteau, et du temple protestant luthérien. Un quartier tout en âme...

*Page précédente - Porte des Allemands.
Quand la force et la puissance militaire
sont mâtinées d'élégance et de charme...*

*Le clocher du temple luthérien, discret et délicat,
dépasse de quelques têtes les toits
d'un quartier vivant et coloré, Outre-Seille...*

Metz est une ville d'art, et l'art se trouve partout. Ses charmes discrets, ou plus ostensibles, ses histoires et sa beauté s'étendent bien au-delà de son centre, dans tous ses quartiers, des quartiers au charme si doux et si agréable que l'envie d'y rester nous envahit. Le bien-être pour cadre de vie, des villages dans la ville, des sourires, personne ici n'est étranger dans une ville qui bouge, mais qui sait prendre son temps.

Effet de style, impression d'infini et d'immense, mais ce ne sont que les apparences... Saint-Clément, comme toute la ville, est à dimension humaine.

Page suivante - De nuit, Metz se métamorphose, mais est aussi belle que de jour.

Oxygène

Héritière d'une conception très germanique de l'urbanisme et de l'environnement, à laquelle vient se mêler l'art de faire des jardins à la française, Metz est amoureuse de la Nature et celle-ci le lui rend bien. Les arbres, l'eau, rien n'est sacrifié à la ville. Bien au contraire...

C'est un plaisir de déambuler dans une ville et de découvrir au détour d'une rue, ou le long d'une avenue, un parc, une allée fleurie, un endroit où il fait bon flâner. Et une de ces escapades pourrait bien être le long du canal de Jouy. Longue promenade au bord de l'eau, elle vous amène au centre de la ville. Mieux qu'une promenade, ses rives sont un enchantement. Alors que quelques belles péniches devenues maisons sur l'eau se reposent à l'ombre des grands arbres, les cygnes se laissent porter par le courant, et promeneurs et sportifs se croisent sur les deux rives qu'unissent plusieurs petits ponts.

Page précédente - Les Tanneurs, cascade verdoyante, et sa petite fontaine. Un peu plus loin, un amphithéâtre pour un jardin mis en scène habilement...

Coucher de soleil sur la Moselle. Une ville entre le soleil, le ciel et l'eau. C'est beau, c'est Metz !

Le canal a de tout temps servi à acheminer les marchandises venues de toute l'Europe, et garde aujourd'hui encore sa vocation commerciale.

Page suivante - Le long de la Moselle, au pied des anciens remparts, Metz offre de nombreuses promenades pour toute la famille... On peut y faire de gracieuses rencontres...

Le canal coule paisiblement le long des remparts, dans un cadre romantique, la poésie à fleur de pierre. Elle s'unit ici avec l'eau et les arbres pour composer un tableau sans cesse changeant, au fil des saisons. D'un côté, ce sont de somptueuses villas, un parfum d'Angleterre, de l'autre, le stade Saint-Symphorien. Un peu plus loin, enfin, le plan d'eau.

Le plan d'eau est une promenade, une aire de jeu géante, sur le gazon on vient se reposer au soleil, sur l'eau on participe à des régates, ou à d'autres activités nautiques. Sur l'île du Saulcy toute proche, on étudie en se disant qu'on serait mieux, au bord de l'eau... Différents chemins mènent à cet endroit particulier, miroir magnifique d'une ville illuminée.

On y vient par les jardins de l'Esplanade, élégants, faits de buttes, de fontaines, une belle allée plantée d'arbres, des bancs, on y est bien. On peut, c'est selon, opter pour la digue des Pucelles, en hommage à un ancien couvent, ou choisir les quais, comme celui des Régates, et laisser derrière soi, spectacle époustouflant, le temple Neuf s'élevant au-dessus des eaux, simple, sobre, mais majestueux.

Lorsque les Prussiens prirent possession de la ville, en 1870, ils démontèrent les remparts pour laisser la ville respirer. Excellente idée. Ils en laissèrent cependant par endroits, puis les aménagèrent en promenades. Comme le boulevard Poincaré. Cette belle promenade vous emmène vers l'Esplanade, le long d'une allée-jardin, avenue de fleurs, d'arbres, de calme au milieu du tumulte. De belles statues viennent donner à l'ensemble un charme subtil. Un peu plus loin, cachée derrière ses bosquets, la statue d'un enfant de Metz, poète maudit et sublime : Verlaine.

Page précédente - Le plan d'eau de la ville,
pour les sports nautiques, les balades romantiques,
au milieu des arbres, au bord de l'eau.

Les promenades le long des remparts
se perdent aussi dans un labyrinthe
d'allées parsemées d'arbres et de fontaines.

La digue reliant la ville à l'université
Paul-Verlaine a pris le surnom de
l'ancien couvent qui se trouvait à proximité.
C'est la digue des Pucelles...

Si l'on remonte l'escalier qui s'offre à nous, de chaque côté de la fontaine, on découvre un merveilleux jardin à la française : c'est l'Esplanade. Construite sur l'ancienne citadelle, on y trouve un mariage heureux d'eau, d'arbres et de fleurs où viennent se promener Messins et touristes. Protégé de part et d'autre par la statue du maréchal Ney et celle du Poilu Libérateur, le jardin offre aux regards des formes rectilignes que viennent contredire celles, plus arrondies, de la Nymphe et du jeune poulain.

Derrière le palais de justice, au milieu du jardin de Boufflers, trône sur sa fidèle monture, ce jeune et fougueux officier, qui partit un soir d'été de Metz pour libérer les Etats-Unis. Après avoir « déserté » son régiment, Lafayette est de retour plus de deux siècles plus tard. De l'autre côté de l'Esplanade, c'est Saint-Pierre-aux-Nonnains — ancienne palestre, puis abbaye, maintenant salle d'exposition — qui, du haut de ses 1600 ans, regarde placidement l'impétueux marquis...

Sans doute en train de pourfendre un soldat anglais, Lafayette est immortalisé ici dans son rôle le plus célèbre : le libérateur des Etats-Unis...

Et le jardin botanique, alors ? Parc et château, arbres de toutes sortes, roseraie multicolore, une serre en brique rouge, des climats reconstitués, une flore superbe, et là, près de l'entrée, dans la fontaine, regardez : des tortues !

Des hauts de Sainte-Croix, il surplombe la ville et veille avec attention à la Nature ; c'est l'Institut européen d'écologie, installé dans l'ancien cloître des Récollets depuis les années 70. A ses pieds, descendant en cascade abrupte, le jardin des Tanneurs. Un petit amphithéâtre, une fontaine, des arbres, des fleurs… Occupant l'espace laissé vide par les anciens entrepôts ferroviaires construits par les Allemands à des fins stratégiques, le parc de la Seille est le tapis vert des nouvelles arènes de Metz, temple du sport et du spectacle, à quelques mètres seulement de l'endroit où s'élevait, sous l'époque romaine, un cirque de 25 000 places.

*Du jardin des Tanneurs,
c'est toute une partie de la ville
qui se contemple de haut,
avec tendresse…*

L'agencement moderne du parc lui donne une allure de terre sauvage, tant ses formes sont libres, étonnantes, naturelles... Les immenses roseaux qui bordent les jetées ou le petit marécage, les plants de houblon, les petites buttes ou les rocailles en terrasses, sans oublier ces allées qui épousent le cours de la Seille, petite rivière nerveuse, donnent à l'ensemble un style détonnant, annonçant une nouvelle conception de la nature urbaine, loin, très loin des canons du genre, mais si proche de la réalité.

Page précédente - Belles plantes, végétales ou cristallisées, au jardin botanique.

La nature, présente partout, rehausse la beauté de la pierre.

Metz est une ville qui a toujours fait la part belle à la nature. Il faudrait encore évoquer ici tous les jardins, squares ou promenades qui parsèment la ville, comme le lac Symphonie du Technopôle, le jardin du Luxembourg, le parc du Pas-du-Loup ou l'ancien fort devenu parcours de santé et mémorial de la Résistance… Il faudrait aussi évoquer ici le square construit sur les anciennes brasseries, ou les promenades sur les remparts de la porte des Allemands, le petit square Camoufle ou la place Saint-Thiébaut, le parc Maud'Huy et tous les petits squares anonymes des différents quartiers, lieux aérés de souvenirs d'enfance ou de premières rencontres amoureuses…

Metz n'est pas une ville, c'est un jardin magnifique.

Lorsque le quartier Saint-Marcel prend des airs de village provençal.

Page suivante - Metz, comme une splendeur minérale poussée sur les bords de la Moselle.

Figures messines

L'atmosphère d'une ville, c'est aussi ses habitants.

Nous sommes allés en rencontrer quelques uns. Anonymes ou non, toutes ces figures messines font la ville, de près ou de loin, par leur travail, leur sourire, ou leur seule présence.

Galerie de portraits...

*Page précédente - Maître Dominique Boh-Petit,
avocate pénaliste au barreau de Metz,
et présidente de la section messine
de l'observatoire international des prisons.*

*Sarah Teulet, affichiste pour le studio
« Poisson Pilote », sur la péniche XXL.*

Robert Fery, de radio Jéricho, *l'actualité au quotidien du diocèse de Metz.*

Pompier messin en vue plongeante, dans la tour d'entrainement
de la caserne des pompiers. Coup de chapeau
à une corporation toujours présente, de jour comme de nuit.

Valérie Pierson, journaliste à France Bleu Lorraine Nord.

Daniel Stilinovic, magistrat, écrivain et artiste peintre, trouve sur l'eau l'inspiration nécessaire pour « croquer » sa ville.

Page suivante - Sarah Walter, reine 2006 de la Mirabelle, et ses dauphines. Peut-on rêver plus charmantes ambassadrices ?

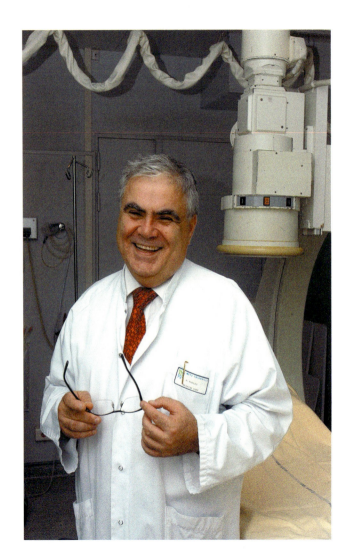

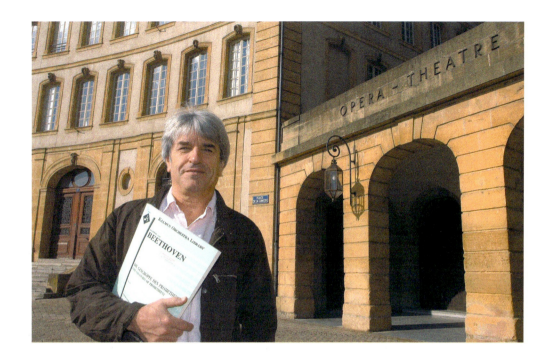

Page précédente
A gauche - Docteur Khalife Khalife, chef du service de cardiologie au CHR Metz-Bonsecours,
et 3ᵉ adjoint au maire de Metz chargé du patrimoine et de la santé publique.
Un sourire… qui vient du cœur !

A droite - A bord de son petit train, Jean-Marc Hanson, conducteur du petit train touristique
qui circule dans Metz aux beaux jours. Le « train-train » quotidien se fait parfois plaisant.

Le talentueux Jacques Mercier, aux commandes de l'Orchestre national de Lorraine.

Romuald Ponzoni, du Républicain Lorrain, *le journal quotidien messin.*

Page suivante
A gauche - Sandrine Gromada, professeur de français, traversant le jardin botanique avant de s'adonner à sa grande passion... le tennis.

A droite - Patrick Thil, adjoint au maire chargé de la Culture, passionné d'art et de moto.

Gastronomie

La cuisine de cette région s'appuie sur un terroir merveilleux et sur des produits authentiques, elle est belle, simple et conviviale. Elle nourrit le corps et réchauffe l'âme, parce qu'elle est servie avec le sourire.

La gastronomie de Metz et de la Moselle est avant tout une question de traditions. Vins, bières, viandes, poissons, charcuteries et merveilles sucrées se retrouvent sur les tables des meilleurs restaurants, mais c'est dans un contexte familial que l'on savoure le mieux une cuisine faite pour être partagée.

*Page précédente - La fameuse quiche lorraine,
spécialité régionale largement répandue
dans tout l'Hexagone, accompagnée
comme il se doit de son verre de vin de Moselle.*

*Riante vue du Restaurant des Roches.
Cadre exquis et cuisine savoureuse.*

Imaginez des assiettes de charcuterie fine, forte en arômes et en saveurs, saucisse de foie, salée et épicée, saucisson lorrain, saucisse de viande, saucisse à tartiner, jambons crus, cuits, braisés, ou encore des tartines de hachis de porc recouverts d'oignons hachés. Produits vrais, les meilleurs se dénichent chez les artisans charcutiers, chez *Humbert,* par exemple, au *Veau d'or,* ou encore la boucherie casher de la rue Mangin.

Du maraîcher au boucher, il faut faire le tour du marché couvert, place de la Cathédrale, pour réunir les ingrédients d'une bonne potée lorraine faite de légumes de saison, de lard, de travers de porc et de saucisses à cuire. On peut accompagner le tout de galettes de pommes de terre, pour les plus gourmands !

Les meilleures tables vous accueillent, mélangeant tradition et sophistication, élégance et qualité, offrant, par exemple, la finesse d'un filet de bar rôti sur une crème de cèpes comme seul sait le faire Yves Maire, au restaurant qui porte son nom. Une cuisine d'exception — qui résisterait à un foie gras aux graines de sésame sur chutney de mirabelles ? — servie au bord de la Moselle.

Le marché couvert, ancien palais des évêques.
Le paradis sur terre pour ceux qui recherchent
des produits régionaux de première qualité.

Ci-dessus - Au Veau d'or, *une des meilleures boucheries de la ville, ouverte depuis 1930.*

Ci-contre - Appétissante composition *autour des ingrédients de la potée lorraine, roboratrice spécialité régionale.*

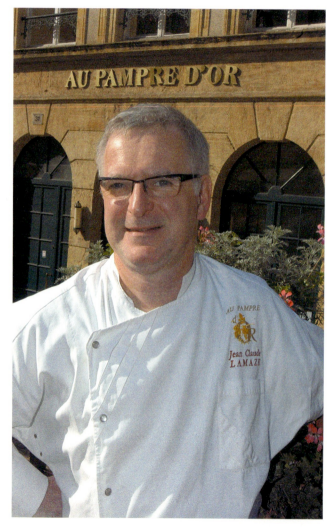

La cuisine lorraine a aussi un bon ambassadeur, depuis 1649 (!), au *Restaurant du pont Saint-Marcel*. Filet de sandre au coulis d'écrevisses, cochon de lait de Metz en gelée. D'autres établissements portent haut les couleurs de la gastronomie messine, mais Metz, c'est aussi une infinité de délicieuses adresses, comme le *Bistro de Metz*, où la cuisine allie simplicité et saveurs, ou le *Krystal Palace* au décor extravagant, sans oublier *l'Ecluse*, le *Quatre Vin Trois*, l'*Etude* ou la *Fleur de Sel*. Selon sa bourse et selon ses goûts, il y en a forcément un où l'on se sent chez soi...

Page précédente
A gauche - Christophe Dufossé,
chef du Magasin aux Vivres,
restaurant gastronomique
récemment installé à la Citadelle.

A droite - Jean-Claude Lamaze
chef du Pampre d'or, *valeur sûre*
de la restauration messine.

Le Krystal Palace *abritait au début du siècle*
une piscine et un jardin à l'étage.
C'est aujourd'hui un restaurant branché
et animé, où l'on mange très bien.

Les Romains apportèrent avec eux la vigne, toujours vivante, et qui connaît actuellement une renaissance remarquable. Claude Gauthier, exploitant à Vic-sur-Seille, au sud-est de Metz, cultive différents cépages, dont l'Auxerrois ou le Muller-Thurgau, donnant des vins fins qui se marient à merveille, pour les blancs, avec les huîtres et les poissons et, pour les rouges, avec le gibier, les fromages.

Se déplacer jusqu'à Vaux, à quelques minutes de Metz, est une jubilation pour qui cultive la passion du vin et des belles pierres. Le vignoble y est constitué de gamay, d'auxerrois et de gewurztraminer. Il évolue dans un cadre magnifique, depuis 1875, produisant des vins délicats, blancs, rouges, rosés, mais aussi des pinots, des blancs à la méthode champenoise et, exceptionnellement, des vendanges tardives. Au château de Vaux, Norbert Molozay vous fait partager sa passion et son amour pour des vins méconnus.

Reprenant une tradition importée par les Romains, le château de Vaux produit un vin étonnant de qualité et d'élégance.

Metz avait aussi ses brasseries, *Amos* était la plus célèbre. Si la « bière de Metz » n'est plus produite localement, elle se trouve toujours dans tout bon café messin, où elle trouve ses amateurs fidèles.

Les sucreries ne sont pas en reste, on en compte diverses sortes, de saison, aussi. Si certaines sont l'apanage des grands-mères, comme les beignets de carnaval ou les spritz de Noël, d'autres se trouvent dans les meilleures pâtisseries, comme les tartes au fromage, à la mirabelle ou à la quetsche. Sans oublier les macarons de Boulay, sabayons de fraises de Woippy ou boulets de Metz... La liste n'est pas exhaustive !

Sans doute mal connue, et c'est bien injuste, la cuisine de Metz et de sa région est le soleil qui manque parfois durant les longs mois d'hiver. Elle est surtout le reflet des gens d'ici : simple, conviviale et jamais sans saveur !

Sacro-sainte mirabelle, sous forme de tarte, présentée par Nathalie au Pampre d'or, *ou sous forme d'eau-de-vie.*

Chez le même éditeur

Tranches de Ville©

Angers
Arles - Camargue
Avignon
Besançon
Bordeaux
Brest - Pays des abers
Bruxelles
Carcassonne - Pays cathare
Clermont-Ferrand
Dijon
Grenoble
Lille-Métropole
Lyon
Marseille
Metz
Montpellier
Nancy
Nantes
Nîmes - Pays gardois
Nice et son comté
Paris
Pau
Poitiers
Reims - Champagne
Rennes
Strasbourg
Toulouse
Tours

Tranches de France©

Alpes
Alsace
Annecy, autour du lac
Bassin d'Arcachon
Bourgogne
Bretagne
Châteaux de la Loire
Corse
Côte d'Azur
Côte d'Opale
Franche-Comté
Languedoc-Roussillon
La Rochelle-Ré-Oléron
Nord-Pas-de-Calais
Pays basque
Périgord
Perros-Guirec-Côte Granit rose
Provence
Pyrénées
Quimper-Cornouaille
Vannes - Golfe du Morbihan
Vendée

Collection gourmande

Franche-Comté gourmande
Nord gourmand
Normandie gourmande
Pays de Loire gourmands
Provence gourmande

Autres ouvrages

Côte belge
France, un patrimoine magnifique
France, une nature somptueuse...
France, les plus merveilleux villages
Normandie magnifique
Rouen magnifique

En vente dans toutes les bonnes librairies. Ou à défaut sur commande aux Editions Déclics

© Editions Déclics 2006
14, rue des Volontaires - 75015 Paris.
Tél. 01 53 69 70 00 - **Fax** 01 42 73 15 24
E-mail : contact@declics.fr

Imprimé en France

Impression Corlet, Condé-sur-Noireau (14) - 88892
Dépôt légal 1er trimestre 2006
Code ISBN 2-84768-087-X
Code Sodis S332445

Double page suivante - L'eau est omniprésente à Metz. Elle a façonné la cité et lui confère un charme indicible.

Couverture arrière - Sur les anciens entrepôts de marchandises, à quelques mètres seulement de l'ancien amphithéâtre romain, le palais omnisports des Arènes est prolongé par un magnifique jardin moderne plein de poésie.